JUSTE IDÉE
D'UN BON
GOUVERNEMENT,

SUIVANT LES PRINCIPES

De Monsieur BOSSUET.

EN FRANCE;

Aux dépens des bons CITOYENS.

M. DCC. LVI.

AVERTISSEMENT.

Les Rois ne regnent ſûrement & paiſiblement que par les Loix. Ce ſont elles qui ſont l'appui le plus ſolide de leur Trône. Ne vouloir régner qu'en renverſant les Loix, & q'en ſubſtituant la violence à leurs diſpoſitions ; c'eſt le regne des violens qui ne peut durer long-temps. Le plus grand malheur pour les Rois eſt de croire qu'il leur ſuffit de vouloir, ſans autre raiſon ſinon qu'ils veulent, pour qu'on doive obéir. Leur vouloir doit toujours être conforme aux Loix, & dirigé par ce qu'elles preſcrivent. La juſtice & l'équité doivent en être la baſe & la regle, & ils ne peuvent s'en écarter, pour faire prévaloir une volonté arbitraire & de pure fantaiſie, ſans dégrader & ſans énerver l'autorité dont Dieu les a revêtus, ſans la compromettre & l'affoiblir, ſans ſe faire un tort immenſe dans l'eſprit de leurs peuples qui ſe trouvent victimes de ce fatal despotisme, & sans se deshonorer aux yeux de la postérité.

C'est pour montrer à feu M. le Duc de Bourgogne, & aux Princes qui devoient lui succéder, combien ce malheur étoit à redouter pour eux, que M. Bossuet fit le livre admirable de la Politique sacrée, dont nous donnons ici des morceaux choisis. Ce Livre si beau est destiné à montrer que la loi de Dieu sur la maniere de régner, est aussi conforme au véritable intérêt des Rois, qu'à celui de leurs peuples; & que si les Souverains sont obligés de s'y conformer à titre de devoir, & de devoir dont l'infraction sera rigoureusement punie, ils le sont également à titre de sagesse, & de saine & véritable politique.

Nous avons choisi les endroits les plus beaux de ce Livre, & les mieux assortis aux circonstances. Le Lecteur en sentira le prix, sans qu'il soit besoin d'en dire davantage.

TABLE DES TITRES

DE CES EXTRAITS.

§ 1.

§. 2.

§ 3.

§ 4.

§ 5.

§ 6.

§ 7.

Fermeté du Prince contre son Conseil, & ses Favoris.

Fausse Fermeté que le Prince doit éviter.

Fermeté du Prince à tenir ses Engagemens.

EXTRAITS
DE LA
POLITIQUE SACRÉE DE M. BOSSUET,
SUR
L'AUTORITÉ.

§ I.

DE L'AUTORITE' EN GENERAL.

De la vraie Politique.

LA vraie *Politique* est toute *tirée de l'Ecriture sainte.* Avant-Propos.

« Dieu est *le Roi des Rois* : c'est
» à lui qu'il appartient de les ins-
» truire, & de les régler comme

» ses Ministres. Ecoutez donc, » Monseigneur *, les leçons qu'il » leur donne dans son Ecriture ; » & apprenez de lui les regles & » les exemples sur lesquels ils doi- » vent former leur conduite ... Il » n'y oublie rien pour leur appren- » dre à bien régner.

» Ces Livres comprennent en » effet la plus belle & la plus juste » Politique qui fût jamais ... *une* » *Politique vraiment divine* ».

Du Gouvernement.

Livre 1. Article 3. Prop. 1. Prop. 2.

Pour *unir les peuples, il a fallu établir un Gouvernement ; ... tout se divisant & se partialisant parmi les hommes.*

« La seule autorité du *Gouverne-* » *ment* peut mettre un frein aux » passions & à la violence devenue » naturelle aux hommes ... La » justice n'a de soutien que l'auto- » rité & la subordination des puis- » sances. Cet ordre est le frein de

* Monseigneur *le Dauphin*, fils unique de Louis XIV, pour lequel cet Ouvrage fut fait, & à qui il est dédié.

» la licence. Quand chacun ſait ce » qu'il veut, & n'a pour regle que » ſes deſirs, tout va en confuſion. » C'eſt auſſi par la ſeule autorité » du *Gouvernement* que l'union eſt » établie parmi les hommes... C'eſt » l'effet du commandement légiti- » me... autrement nulle union : » les peuples errent vagabonds, » comme un troupeau diſperſé. De » tout cela il réſulte qu'il n'y a pas » pire état que l'*Anarchie* ; c'eſt-à- » dire, l'Etat où il n'y a point de » Gouvernement, ni d'autorité... » Où tout le monde fait ce qu'il » veut, nul ne fait ce qu'il veut ; » où il n'y a point de Maitre, tout » le monde eſt maitre ; où tout le » monde eſt maître, tout le monde » eſt eſclave... M. Boſſuet appel- » le ailleurs cet état, *un état de guerre de tous contre tous.*

Prop. 3.

Prop. 5.

Des Loix.

Il *faut joindre les* Loix *au* Gou*vernement, pour le mettre dans ſa perfection.* « C'eſt-à-dire, qu'il ne » ſuffit pas que le Prince, ou le

Livre 1.
Art. 4.
Prop. 1.

» Magistrat Souverain regle les cas » qui surviennent selon l'occurren» ce ; mais qu'il faut établir *des » regles générales de conduite*, afin » que le gouvernement soit cons» tant & uniforme : & c'est ce » qu'on appelle *Loix* ».

Prop. 6. *La loi est sacrée & inviolable.*

« Pour entendre parfaitement la » nature de la loi, il faut remar» quer que tous ceux qui en ont » bien parlé, l'ont regardée dans » son origine comme *un pacte & un » traité solemnel*, par lequel les » hommes conviennent ensemble » par l'autorité des Princes, de ce » qui est nécessaire pour former » leur société.

» On ne veut pas dire par-là, » que l'autorité des Loix dépende » du consentement & acquiesce» ment des peuples : mais seule» ment que le Prince, qui d'ail» leurs par son caractere n'a d'au» tre intérêt que celui du Public, » *est assisté* (dans l'établissement des » Loix) *des plus sages têtes de la » nation*, & appuyé sur l'expé» rience des siécles passés. Cette

» vérité eſt conſtante parmi tous
» les hommes.

» *La Loi eſt* même *réputée avoir* Prop. 7.
» *une origine divine.* C'eſt pour-
» quoi tous les peuples, ainſi que
» tous les Légiſlateurs, ont voulu
» donner à leurs Loix une origine
» divine ; & ceux qui ne l'ont pas
» eue, ont feint de l'avoir... Ils
» ont voulu que la *convention*, par
» laquelle les peuples s'obligeoient
» entr'eux à garder les Loix, fût
» comme affermie par l'autorité
» divine, afin que perſonne ne pût
» s'en dédire... Et c'eſt ainſi que
» les Loix deviennent *ſacrées & in-*
» *violables* ».

Des Loix fondamentales.

Il *y a des Loix fondamentales qu'on* Liv. 1.
ne peut changer : il eſt même très- Art. 4.
dangereux de changer ſans néceſſité Prop. 8.
celles qui ne le ſont pas.

« C'eſt principalement de ces
» *Loix fondamentales* qu'il eſt écrit :
» «qu'en les violant on ébranle tous Pſ. 81. 5.
» les fondemens de la terre : *Après*
» *quoi il ne reſte plus que la chûte*

» *des Empires.* En général les Loix
» ne font pas Loix, si elles n'ont
» quelque chose d'inviolable...
» Tous les peuples civilisés con-
» viennent de cette maxime.

Esth. 1. 19. » Qu'il soit fait un Edit, & qu'il
» soit écrit selon la loi inviolable
» des Perses & des Medes, « disent
» à Assuérus les sages de son Con-
» seil, qui étoient toujours près
» de sa personne. Ces sages sça-
» voient les Loix & le droit des
» Anciens. *Cet attachement aux Loix*
» *& aux anciennes maximes, affer-*
» *mit la société, & rend les Etats*
» *immortels.*

» On perd la vénération pour les
» Loix, quand on les voit si sou-
» vent changer. C'est alors que les
» nations semblent chanceller com-
» me troublées, & prises de vin,
Is. 19. 14. » « ainsi que parlent les Prophetes.
» L'esprit de vertige les possede,
Ibid. » & *leur chûte est inévitable :* « parce
» que les peuples ont violé les loix,
» changé le droit public, & rompu
» les pactes les plus solemnels » ...
» Le peuple qui a renversé l'ordre,
» oublié la loi, établi *une religion*

» *& une loi arbitraire*, ne mérite » pas le nom de peuple.

» C'eſt l'état d'un malade inquiet, qui ne ſçait quel mouvement ſe donner ... On tombe » dans cet état quand les loix ſont » variables & ſans conſiſtance, » c'eſt-à-dire, *quand elles ceſſent* » *d'être loix* ». [Tout eſt ici à remarquer.]

Des Maximes anciennes.

M. Boſſuet revient ſouvent à ce point des *Loix fondamentales*, & des *anciennes Maximes*. * A ce qu'il vient d'en dire, il ajoute ailleurs ce qui ſuit, & donne ces avis ſi importans & ſi ſalutaires aux Souverains :

» N'outrepaſſez point les bornes Liv. 5. » poſées par vos Ancêtres. *Gardez* Art. 2. » *les anciennes maximes, ſur leſ-* Prop. 7. » *quels la Monarchie a été fondée &* » *s'eſt ſoutenue.* Imitez les Rois de

* Voyez ce qui en eſt dit encore au Titre de l'*Autorité arbitraire*, qui y a beaucoup de rapport, & qu'on joindra par cette raiſon à celui-ci.

» Perſe qui avoient toujours auprès
» d'eux ces ſages Conſeillers, inſ-
» truits des loix & des maximes an-
» ciennes.

Liv. 10. » Le Roi (remarque-t-il encore
Art. 2. » en un autre lieu) conſultoit les
Prop. 2. » Sages qui étoient toujours auprès
& 3. » de ſa perſonne, qui ſçavoient les
» loix, & le droit & les coutumes
» des Ancêtres, & il faiſoit tout
» par leur conſeil... Les conſeils
» ſages & ſtables de tels Miniſtres
» produiſent *des loix*, qui ont toute
» la fermeté, & pour ainſi dire,
» *l'immobilité* dont les choſes hu-
» maines ſont capables.

Eſth. 1. » « Si vous l'avez pour agréa-
19. 20. » ble (diſent ces miniſtres à Aſ-
» ſuérus) qu'il parte un Edit de
» devant le Roi ſelon la loi des
» Perſes & des Medes, qu'il ne
» ſoit point permis de changer,
» & qui ſoit publié pour être in-
» violable dans toute l'étendue de
» votre empire »... *C'étoit l'eſ-*
» *prit de la nation* : & tant les Rois
» que les peuples tenoient pour
» maxime cette *immutabilité* des
» decrets publics... De maniere

» qu'on osa bien dire au Roi :
» « *Sçachez*, *Prince*, que c'est la Dan. 7. 15.
» loi des Medes & des Perses, qu'il
» n'est pas permis de changer les
» Ordonnances du Roi » (portées
» suivant les loix du Royaume.)
» *C'étoit en effet la loi du païs* ».

De l'amour de la Patrie.

Il *faut être bon Citoyen*, *& sacrifier à sa patrie dans le besoin tout ce qu'on a*, *& sa propre vie.* Liv. 1. Art. 6. Prop. 1.

» Il faut être *bon Citoyen*... C'est
» pourquoi les séditieux, qui n'ai-
» ment pas leur pays, & y portent
» la division, sont l'exécration du
» genre humain. La terre ne les peut
» pas supporter, & s'ouvre pour
» les engloutir. Ainsi périrent Coré,
» Dathan & Abiron... Ainsi mé-
» ritent d'être retranchés ceux qui
» mettent la division parmi le peu-
» ple. *Il ne faut point avoir de so-*
» *ciété avec eux* : en approcher,
» c'est approcher de la peste.

» On ne doit point épargner ses
» biens quand il s'agit de servir sa
» patrie. Qui sert le public, sert

» chaque particulier . . . Il faut
» même, sans hésiter, exposer sa
» vie pour son païs. *Ce sentiment est*
» *commun à tous les peuples*, & sur-
» tout il paroît dans le peuple de
» Dieu . . . C'est une honte de
» demeurer en repos dans sa mai-
» son, pendant que nos citoyens
» sont dans le travail & dans le
» péril pour la commune patrie.

» Enfin il n'y a plus de joie
» pour un bon citoyen, quand sa
» patrie est ruinée. De-là ce dis-
» cours de Mathatias : *Malheur à*
1. Mach. 11. 7. & suiv. » *moi !* « Pourquoi suis-je né pour
» voir la ruine de mon peuple, &
» celle de la cité sainte ? &c. L'or-
» gueil & la tyrannie ont prévalu :
» voici des temps de malheur & de
» ruine pour nous : *mourons pour*
» *notre peuple & pour nos freres.* »

Conclusion du Livre.

» Quiconque donc (infere de
» tout cela notre habile Politique)
» n'aime pas la société civile dont
» il fait partie, c'est-à-dire, l'Etat
» où il est né, *est ennemi de lui-*
» *même, & de tout le genre humain.*

De la Monarchie Françoise.

» La FRANCE peut se glorifier, Liv. 2.
» dit M. Bossuet, d'avoir *dès son* Art. 1.
» *son origine*, par l'ordre de la di- Prop. 11.
» vine providence, la meilleure
» constitution d'Etat qui soit pos-
» sible, & la plus conforme à celle
» que Dieu même a établie. Ce qui
» montre tout ensemble, ajoute-t-il,
» & *la sagesse de nos Ancêtres*, & la
» protection particuliere de Dieu
» sur ce Royaume.

» *On doit* donc *s'attacher à la* Prop. 12 & Conclusion du Livre.
» *forme du gouvernement établie* . . .
» de sorte qu'il faut demeurer dans
» l'état auquel un long temps a ac-
» coûtumé le peuple . . . Chaque
» peuple doit suivre, *comme un*
» *ordre divin*, le gouvernement
» établi dans son païs; parce que
» Dieu est un Dieu de paix, & qui
» veut la tranquillité des choses hu-
» maines . . . Il prend en sa pro-
» tection tous les gouvernemens lé-
» gitimes, en quelque forme qu'ils
» soient établis : Et qui entreprend
» de les renverser, *n'est pas seule-*

» *ment ennemi public, mais encore* » *ennemi de Dieu.* [Quel personnage à soutenir !]

§ 2.

De l'autorité arbitraire.

M. Boſſuet en traite dans ſon Livre huitiéme : & ce qu'il en dit mérite une très-grande attention.

Du Pouvoir ou Gouvernement Arbitraire.

Liv. 8. Art. 1. Prop. 4. Sous *un Dieu juſte, il n'y a point de Pouvoir purement arbitraire.*

» Sous un Dieu juſte, il n'y a » point de puiſſance, qui ſoit af» franchie par ſa nature, de toute » loi naturelle, divine, ou humai» ne. Il n'y a point au moins de » puiſſance ſur la terre, qui ne ſoit » ſujette à la juſtice divine.

Ibidem. Art. 2. Prop. 1. Mais *il y a parmi les hommes une eſpece de Gouvernement, que l'on appelle arbitraire : mais qui ne ſe trouve point parmi nous dans les*

Etats parfaitement policés. [C'eſt de cette eſpéce de Gouvernement ou de Pouvoir arbitraire qu'il s'agit ici.]

Conditions de ce Pouvoir.

Quatre *conditions accompagnent ces ſortes de Gouvernement.*

„ Premierement, les peuples ſont „ nés eſclaves : c'eſt-à-dire, vrai- „ ment ſerfs : & parmi eux il n'y a „ point de perſonnes libres. Ibidem. Art. 2. Prop. 1.

„ Secondement, on n'y poſſede „ rien en propriété : tout le fonds „ appartient au Prince, & il n'y a „ point de droit de ſucceſſion.

„ Troiſiémement le Prince a „ droit de diſpoſer à ſon gré, „ non-ſeulement des biens, mais „ encore de la vie de ſes ſujets : „ comme on feroit des eſclaves.

„ Et enfin en quatriéme lieu, „ *il n'y a de loi que ſa volonté.*

„ Voilà ce qu'on appelle *Puiſ-* „ *ſance arbitraire* *.

* La derniere condition, qui fait tout dépendre de la *volonté* purement arbitraire du Souverain, laquelle tient lieu de *loi*, & d'où dérivent les autres conditions; cette

„ M. Boſſuet ne veut pas exa-
„ miner, dit-il, ſi elle eſt *licite*,
„ *ou illicite*, y ayant des peuples
„ & de grands empires qui s'en con-
„ tentent : il lui ſuffit de dire qu'el-
„ le eſt *barbare & odieuſe*. Ces qua-
„ tre conditions, ajoute-t-il, ſont
„ bien éloignées de nos mœurs ;
„ & ainſi *le Gouvernement arbitraire*
„ *n'y a point de lieu*... Et quant
„ aux deux dernieres (c'eſt-à-dire
„ la troiſiéme & la quatriéme) elles
„ paroiſſent ſi contraires à l'huma-
„ nité & à la ſociété, qu'elles ſont
„ *trop viſiblement oppoſées au Gou-*
„ *vernement légitime*.

Différence du Pouvoir abſolu & de l'arbitraire.

M. Boſſuet continue : *C'eſt autre choſe que le Gouvernement ſoit*

condition, dis-je, quand elle ſeroit ſeûle, ſuffiroit pour former *la Puiſſance arbitraire*, & rappelleroit aiſément les autres conditions, qu'elle renferme toutes dans le principe. Ainſi elle ne peut jamais ſe concilier avec *le Gouvernement légitime*, comme M. Boſſuet va le dire.

absolu : autre chose qu'il soit arbitraire. (Il avoit déja dit ailleurs * ; *qu'il n'y a rien de plus distingué* que ces deux choses, quoique *plusieurs affectent de les confondre.*) „ Le „ Gouvernement est *absolu* par „ rapport à la contrainte : n'y ayant „ aucune puissance capable de forcer le Souverain, qui en ce sens „ est indépendant de toute autorité „ humaine. Mais il ne s'ensuit pas „ de-là que le Gouvernement soit „ *arbitraire.*

Ibidem.

* Liv. 4. Art. 1.

„ La raison en est, qu'outre que „ tout est soumis au jugement de „ Dieu, ... *il y a des loix dans les* „ *empires* (ce sont sur-tout les loix „ fondamentales) *contre lesquelles* „ *tout ce qui se fait est nul de droit* ; „ & il y a toujours ouverture à „ revenir contre, ou dans d'autres occasions, ou dans d'autres „ temps : ... *loix* dont la vigilance „ & l'action contre les injustices & „ les violences est *immortelle*, ainsi „ qu'on l'a expliqué ailleurs plus „ amplement. Et *c'est-là* ce qui s'appelle *le Gouvernement légitime*, op- „ *posé par sa nature au Gouvernement*

Endroit très-remarquable sur les *Loix fondamentales.*

Voyez ci-dessus au Titre *des Loix fondamentales*,

„ *arbitraire.* [Ces deux Gouvernemens ſont donc eſſentiellement oppoſés ; & le légitime n'eſt appuyé que ſur les loix fondamentales, qui ne peuvent ſubſiſter avec l'arbitraire, & avec leſquelles l'arbitraire ne peut jamais s'allier.]

Suite de la même matiere.

Qu'il me ſoit permis pour confirmer tout ceci, d'ajoûter d'un autre Ouvrage de M. Boſſuet un morceau précieux, qui a un rapport direct à ce ſujet. Il eſt pris de ſon *Cinquiéme Avertiſſement* aux Proteſtans.

5. Avertiſſ. n. 56.

Autre endroit non moins important ſur ces mêmes *Loix.*

„ C'eſt *une grande erreur* de croire „ qu'on ne puiſſe donner des bornes à la puiſſance ſouveraine, „ qu'en ſe réſervant ſur elle un droit „ ſouverain ... Les Monarchies „ les plus abſolues ne laiſſent pas „ d'avoir des bornes inébranlables „ dans *certaines loix fondamentales*, „ *contre leſquelles on ne peut rien* „ *faire qui ne ſoit nul de ſoi* ... Ravir „ par exemple le bien d'un ſujet „ pour le donner à un autre, eſt un

„ acte de cette nature : on n'a pas
„ besoin d'armer l'opprimé contre
„ l'oppresseur, *le temps combat pour*
„ *lui, & la violence reclame contre*
„ *elle-même.*

„ Ainsi le Gouvernement va tout
„ seul, & se soutient, pour ainsi
„ dire, par son propre poids (tant
„ que ces loix sont en vigueur.)
„ Sans craindre qu'on les contrai-
„ gne, les Rois habiles se donnent
„ eux-mêmes des bornes pour s'em-
„ pêcher d'être surpris ou préve-
„ nus; *ils s'astreignent à certaines*
„ *loix, parce que la puissance outrée*
„ *se détruit enfin elle-même.* [Qu'on voye donc où aboutit le Despotisme, & à quoi on réduit la puissance en voulant l'outrer].

Exemple mémorable à ce sujet.

C'est la célebre *Histoire d'Achab Roi d'Israël, de Jézabel sa femme, & de Naboth.* M. Bossuet la rapporte avec étendue, & y joint quelques réflexions, dont je ne ferai que réunir les principaux traits. Ibidem. Prop. 4.

„ 1°. Le *crime* que Dieu punit

„ avec tant de rigueur dans Achab „ & Jezabel, c'est *la volonté dépra-* „ *vée* de disposer à leur gré, indé- „ pendamment de la loi de Dieu, „ qui étoit aussi celle du Royaume, „ des biens, de l'honneur, de la „ vie d'un sujet, qu'ils vouloient „ contraindre à vendre son héri- „ tage : ce que n'avoient jamais „ fait les bons Rois : comme aussi „ *de se rendre les maîtres des juge-* „ *mens publics ; & de mettre en cela* „ *l'autorité royale.*

„ 2°. Achab entre en furie du re- „ fus de Naboth : ... sa femme Je- „ zabel survient : & au lieu de gué- „ rir cet esprit malade ; elle lui per- „ suade au contraire par des ma- „ nieres moqueuses, *qu'il a perdu* „ *toute autorité, s'il ne fait tout à sa* „ *fantaisie.* Enfin sans garder au- „ cune forme de jugement, elle or- „ donne elle-même les voies de fait. „ Elle sacrifie encore la religion à „ ses injustes desseins, & veut qu'on „ se serve de celle du jeûne public, „ pour immoler un homme de bien „ à la vengeance du Roi, *& à* „ *cette idée d'autorité, qu'on fait con-*

„ *sister à faire tout ce qu'on veut.*

„ 3°. Mais en même-temps la „ justice divine se déclare. Achab „ est puni, Jezabel aussi ... eux „ & leur famille, où tout fut im- „ molé à une juste, perpétuelle, „ & inexorable vengeance. *Et c'est* „ *ainsi*, conclut M. Bossuet en fi- „ nissant ce récit, *que furent punis* „ *ceux qui vouloient introduire dans* „ *le Royaume d'Israël la* PUISSAN- „ *CE ARBITRAIRE*. [Le crime est „ donc bien grand, puisqu'il mé- „ rite un si grand châtiment.]

Question si les Rois sont soumis aux Loix ?

A cette Puissance arbitraire re- vient encore une question, que traite M. Bossuet : sçavoir *si les Rois sont soumis aux Loix ?* & qu'il décide en établissant que, quoique les Rois ne soient pas sujets à coaction, ils ne sont pas cependant dispensés des loix. Liv. 4. Art. 1.

Ibidem. Prop. 3. Il est donc vrai qu'*il n'y a point de force coactive contre le Prince* (c'est-à-dire, de puissance qui le contraigne, le force, lui commande, ou le punisse.)

» On appelle force *coactive* une » puissance pour contraindre à exé» cuter ce qui est ordonné légiti» mement. Au Prince seul appar» tient le commandement légitime; » à lui seul appartient aussi *la force* » *coactive*. C'est aussi pour cela que » S. Paul ne donne le glaive qu'à lui » seul : « ce n'est pas envain, dit-il, » qu'il porte le glaive ». (Rom. 13. 4.)

» Il n'y a donc dans un Etat que » le Prince *qui soit armé* : autrement » tout est en confusion, & l'Etat » retombe en Anarchie. Qui se fait » un Prince souverain, lui met en » main tout ensemble, & l'autorité » souveraine de juger (jointe au » devoir de le faire selon la justice » & les loix) & toutes les forces » de l'Etat ... C'est-là ce qui se » peut appeller *la loi royale*. [Et assûrément personne ne la conteste.

Les Rois soumis aux Loix.

Cependant *les Rois ne sont pas pour cela affranchis des Loix.* Ibidem. Prop. 4.

„ Dans le Deutéronome Dieu „ prescrit aux Rois de son peuple „ *la loi* qu'ils doivent suivre . . . Et „ il faut remarquer que cette loi ne „ comprenoit pas seulement la Re-„ ligion ; mais encore *la loi du* „ *Royaume*, à laquelle le Prince „ étoit *soumis* autant que les autres, „ ou plus que les autres, par la „ droiture de sa volonté. Deuter. 17. 7. & suiv.

„ Mais c'est, dit S. Ambroise, „ ce que les Princes ont peine à en-„ tendre . . . De-là néanmoins cette „ belle loi d'un Empereur Romain „ (Domitien.) *C'est une parole* „ *digne de la Majesté du Prince, de* „ *se reconnoître soumis aux loix* *. Apol. David. l. 2. L. Digna C. de Légib.

* Cette parole ici abrégée est plus étendue ailleurs. Elle est ainsi rapportée dans les *Remontrances* du Parlement du 9 Avril 1753 : « Il est digne de la Majesté Souveraine de se reconnoître assujettie aux loix. Notre autorité dépend de celle des loix. Il

[Elle est encore plus digne d'un Empereur Chrétien.]

„ Les Rois sont donc soumis „ comme les autres *à l'équité des* „ *loix* ; & parce qu'ils doivent être „ justes, & parce qu'ils doivent au „ peuple l'exemple de la justice. „ Mais ils ne sont pas soumis *aux* „ *peines des loix* : ou, comme parle „ la Théologie, ils sont soumis aux „ loix, non *quant à la puissance* „ *coactive* ; mais *quant à la puissance* „ *directive*. [C'est-à-dire, pour expliquer ces termes Scholastiques, que quoique tenus à l'observation des loix, même de celle du Royaume, ainsi que leurs sujets, ils ne peuvent y être forcés par la crainte du châtiment, ni punis de leur infraction ; si ce n'est de Dieu seul, qu'ils doivent d'autant plus craindre, qu'ils craignent moins les hommes.]

C'est en ce sens que M. Bossuet explique le discours de Samuel au peuple Juif, qui lui demandoit

y a plus de grandeur à soumettre la Couronne aux loix, qu'à la porter ».

un Roi. " Il leur déclare que la ,, puissance de leur Prince sera ,, absolue, sans pouvoir être restrainte par aucune autre puissance. " Voici *le droit du Roi* qui ,, regnera sur vous : il prendra ,, vos enfans, se saisira de vos ,, terres, & le reste : *hoc erit jus* ,, *Regis*. Est-ce donc, demande ,, M. Bossuet, qu'ils auront droit de ,, faire tout cela *licitement* ? A Dieu ,, ne plaise, répond-il, *car Dieu* ,, *ne donne point de tels pouvoirs.* ,, Mais ils auront droit de le faire ,, *impunément* à l'égard de la Justice ,, humaine, qui ne peut rien sur ,, eux.... Car l'autorité du commandement, dit S. Ambroise, ,, ne permet pas que les loix les ,, condamnent au suplice ; & les ,, loix n'ont point d'action contre ,, eux pour les châtier ,,. [Voilà l'éclaircissement de la question, fondé dans les principes mêmes de la Religion, & de la plus exacte Théologie.]

1. Reg. 8. 11. & suiv.

Apol Dav vid.

§. 3.

DES REMONTRANCES.

JE termine tout ceci par un dernier point que M. Bossuet n'a pas oublié, & que je ne dois point omettre. C'est celui des *Remontrances* ou *Représentations*.

Liv. 6. Art. 2. Prop. 6.

„ Puisque *les sujets* (en vertu „ de la *fidélité* & de la soumission „ qu'ils doivent aux Princes) *n'ont* „ *à opposer à leur injustice & à* „ *leur violence*, *que des Remontran*„ *ces respectueuses*, *& des prieres* „ *pour leur conversion*; .... qu'il „ soit donc permis au peuple op„ pressé de recourir au Prince par „ ses Magistrats, & par les voies „ légitimes „.

[Qu'on n'interdise donc pas à ces Magistrats l'accès du trône, ou qu'on ne leur ferme point les oreilles du Prince. Qu'on leur permette de parler pour le peuple, pour l'Etat, pour le Prince même, & qu'on daigne les écouter.]

„ Si les Princes *doivent écouter* „ même

„ même les particuliers ; à plus
„ forte raison doivent-ils écouter
„ le peuple, qui leur porte avec
„ respect ses *justes plaintes* par les
„ voies permises. Pharaon, tout
„ endurci & tout tyran qu'il étoit,
„ ne laissoit pas du moins d'écou-
„ ter les Israëlites. Il écoutoit
„ Moyse & Aaron. Il reçut à son
„ audience les Magistrats du peu-
„ ple d'Israël qui vinrent se plain-
„ dre à lui avec de grands cris,
„ & lui disoient : « Pourquoi trai- Ex. 5. 15. 16.
„ tez-vous ainsi vos serviteurs, &
„ souffrez-vous qu'on agisse injus-
„ tement contre votre peuple ».

„ Mais quand on parle de *Re-*
„ *montrances respectueuses*, on en-
„ tend qu'elles le soient effective-
„ ment, & non-seulement en ap-
„ parence ; . . . c'est-à-dire, qu'elles
„ soient sans mutinerie, sans ai-
„ greur, & sans murmure. . . . On
„ ne voit rien de semblable (à ces
„ écarts) dans les Remontrances
„ que les Chrétiens persécutés fai-
„ soient aux Empereurs. Tout y
„ est soumis, tout y est modeste.
„ *La vérité de Dieu y est dite avec*

„ *liberté* : mais ces discours sont „ si éloignés des termes séditieux, „ qu'encore aujourd'hui on ne „ peut les lire, sans se sentir „ porté à l'obéissance & à la fi- „ délité ». [Rien n'est plus digne de Magistrats chrétiens, que cette liberté ferme, mais respectueuse, avec laquelle ils adresserent aux Souverains leurs justes & humbles Représentations. Aussi est-ce une justice qu'on ne peut se dispenser de rendre aux Remontrances de nos premiers Magistrats. La *vérité* y est dite avec autant de soumission & de respect, que de force & de sincérité.]

„ A cela il faut joindre *des vœux* „ *& des prieres* pour les Princes, „ mais *des prieres* ardentes & *per-* „ *sévérantes*. Ce sont les armes (& „ les seules armes) de l'Eglise . . . „ Que si Dieu n'écoute pas les prie- „ res de ses fideles serviteurs ; si pour „ éprouver & pour châtier ses en- „ fans, il permet que la persécu- „ tion s'échauffe contr'eux, ils „ doivent alors se ressouvenir que

Matth. 10. 16. „ « Jesus-Christ leur Maître les a

„ envoyés comme des brebis au „ milieu des loups ».

Voilà (ajoute M. Boſſuet) *une doctrine vraiment ſainte , vraiment digne de Jeſus-Chriſt & de ſes diſciples.* [C'eſt donc à cette doctrine qu'il s'en faut tenir , ſans jamais s'en departir pour quelque cauſe que ce ſoit , & quoi que Dieu permette qui arrive.]

Ce 13 Avril 1756.

SUITE DES EXTRAITS DE LA POLITIQUE SACRE'E De M. BOSSUET. SUR L'AUTORITÉ.

§ 4.

Des Conseils, & des Conseillers, ou Ministres.

M. Bossuet en traite spécialement, & de dessein formé dans son Livre dixieme. Il en avoit déja beaucoup parlé, quoiqu'incidemment, en différens endroits de sa Politique, dont nous rappellerons Liv. 10. Art. 2.

plus bas les principaux. Mais ici il *approfondit* davantage ; & réunissant sous un même point de vûe plusieurs des traits épars dans son Ouvrage, il y en ajoute de nouveaux.

Nécessité d'un Conseil.

Liv. 10. Art. 2. Prop. 1.

» Il faut *un Conseil* aux Rois. On » voit auprès des anciens Rois du » peuple de Dieu, *des Officiers*, » *des Conseillers*, ou *des Ministres*. » Ceux de David & de Salomon » sont marqués dans l'Ecriture... » Il y en avoit même un parmi » eux qu'on appelloit *l'ami du Roi* : » comme Chusaï sous David, & » Zabud sous Salomon.

» *Qualité remarquable* ; & qui » faisoit souvenir le Roi qu'il n'é» toit pas exempt des besoins & » des foiblesses communes de la » nature humaine : & qu'ainsi, » outre ses autres Ministres, qu'on » appelloit ses Conseillers, à cause » qu'ils lui donnoient leurs avis sur » les affaires, il devoit choisir avec » soin *un ami* de confiance ; c'est-

» à-dire, un dépositaire de ses pei-
» nes secrettes, & de ses autres
» sentimens les plus intimes ». [Les Rois en ont besoin comme les autres hommes. La dificulté est de le trouver. Heureux qui a trouvé ce véritable ami : qui l'a trouvé, a trouvé un trésor.] Eccli 25. 12. & 6. 14. Prop. 2.

» Les Rois de Perse aussi,
» avoient toujours auprès de leur
» personne *des Sages, qui sçavoient*
» *les loix, le droit & les coutumes*
» *des Anciens;* & ils faisoient tout
» par leur conseil ». (On en a parlé ailleurs, & il n'est pas besoin d'y revenir. V. ci-dessus.

Des Regitres publics joints aux Conseils vivans.

La Charge de *Secrétaire*, & de *Garde* des Regitres publics, nommée parmi celles des autres Officiers des Rois du peuple Hébreu, donne lieu à une *Réflexion* très-solide de M. Bossuet, *sur l'utilité des Regîtres publics, joints aux Conseils vivans.* Liv. 10. Art. 2. Prop. 3.
» Personne n'ignore combien ils Esth. 6. 1. & suiv.
» servirent à Assuérus, qui trouva

» dans ces Archives le ſervice ſi-
» gnalé de Mardochée, qui lui
» avoit ſauvé la vie, & comment
» il fut excité par cette lecture à le
» reconnoître par une récompenſe
» éclatante, mais encore plus glo-
» rieuſe au Roi, qu'à Mardochée
» même.

» Tel étoit l'uſage *des Regîtres*
» *publics*, & de la Charge établie
» pour les garder. Elle conſervoit
» la mémoire des ſervices rendus,
» elle immortaliſoit les conſeils
» (donnés ſous les regnes précé-
» dens.) Et ces Archives des Rois,
» en leur propoſant les exemples
» des ſiécles paſſés, étoient des
» *conſeils* toujours prêts à leur dire
» la vérité, & qui ne pouvoient
» être flatteurs... Car *les grands*
» *événemens* des choſes humaines ne
» font, pour ainſi parler, que ſe
» renouveller tous les jours ſur le
» grand théâtre du monde. Et il
» ſemble qu'il n'y a qu'à conſulter
» le paſſé, comme un fidele miroir
» de ce qui ſe paſſe à nos yeux, &
» de ce qui arrivera dans l'avenir.
Eccli. 1. 9. » « Qu'eſt-ce qui a été? Ce qui

» ſera. Qu'eſt-ce qui a été fait ?
» Ce qui ſe fera encore ».

» Il faut donc joindre les hiſtoi-
» res des temps paſſés avec *le con-
» ſeil des Sages*, qui bien inſtruits
» des coutumes & du droit ancien,
» en ſçachent faire l'application à
» ce qu'il faut régler de leurs jours.
» De *tels Miniſtres* ſont des Regîtres
» vivans, qui toujours portés à
» conſerver les *antiquités*, ne les
» changent qu'étant forcés par des
» néceſſités imprévues & particu-
» lieres; mais avec un eſprit de
» profiter, & de l'expérience du
» paſſé, & des conjonctures du
» préſent (pour y revenir dans un
» autre temps. ») [On ſent aſſez par tout ceci, avec quel ſoin de pareils Regîtres, ſi importans aux Rois, au Public, à tout l'Etat, doivent être conſervés; combien on doit veiller à leur garde, & pour prévenir toute infidélité, en empêcher tout déplacement.

Du choix des Conſeillers ou Miniſtres.

» Le *Conſeil doit être choiſi avec*

Liv. 10. » *discrétion.* « Un (Conseiller)
Art. 2. » entre mille », dit le Sage. *Il*
Prop. 6. » *doit* de plus *avoir passé par beau-*
& 7. » *coup d'épreuves.* Car « celui qui
Eccli. 6. 6. » n'a point été éprouvé, que sçait-
& 34. 9. » il? C'est à force d'expérience,
» & en pâtissant beaucoup, qu'à
» la fin vous acquerrez quelque
Prop. 9. » lumiere. *Les jeunes gens* sur-tout,
» qui ne sont pas nourris aux af-
» faires, ne sont pas propres au
» conseil, & *leurs conseils ont* sou-
3. Reg. 12. » vent *une suite funeste.* L'exemple
5. & suiv. » de Roboam en est une preuve
» sensible. Ce Prince, dit M. Bos-
» suet, ne trouva pas sa puissance
» & sa grandeur assez flattée par
» les conseils modérés des vieil-
» lards... Car. *la puissance veut être*
» *flattée,* & regarde les ménage-
» mens comme une foiblesse... La
» jeunesse impétueuse & vive lui
» plut d'avantage. Mais son erreur
» fut extrême. Les sages vieillards
» conseilloient des paroles douces:
» au contraire la jeunesse aussi fiere
» & impudente, que bouillante &
» flatteuse, méprisa ces tempéra-
» mens; & au lieu qu'en conseil-

» lant des choſes dures, elle devoit
» du moins en modérer la rigueur
» par la douceur des expreſſions,
» elle joignit l'inſulte au refus, &
» affecta de rendre les diſcours plus
» ſupeibes & plus fâcheux que la
» choſe même. C'eſt auſſi *ce qui*
» *perdit tout*; ... & ce qui fit voir
» que tout dépend de ſçavoir con-
» noître les conjonctures, & de ne
» pas pouſſer toujours les peuples
» ſans meſure, & à toute outrance.
[Que tout ceci eſt plein de ſens,
& renferme de leçons utiles !]

Des qualités des Conſeillers & Miniſtres.

» La *grande ſageſſe du Prince* Liv. 10.
» *conſiſte à employer chacun d'eux* Art. 2.
» *ſelon ſes talens* ... Il faut prendre Prop. 17
» les hommes par ce qu'ils ont de & 18.
» plus éminent. *Il faut* bien *prendre*
» *garde* auſſi *aux qualités perſonnel-*
» *les*, & *aux intérêts cachés* de ceux
» dont on prend conſeil... C'eſt
» l'effet d'un grand aveuglement,
» de prendre des conſeils intéreſſés
» & corrompus, ou même douteux

» & ſuſpects, pour ſe déterminer
Prop. 19. » dans les affaires importantes. Mais
» *la premiere* & la principale *qualité*
» d'un ſage Conſeiller, *c'eſt qu'il*
» *ſoit* vraiment *homme de bien*,
» craignant Dieu & obſervateur de
» ſa loi, ſincere & ſans fard, (c'eſt-
» à-dire, qui aime la vérité au-deſ-
» ſus de tout, & qui ne ſçache
Eccli. 37. » point flatter.) Un tel homme
18. » « vaut mieux que ſept ſenti-
» nelles poſées ſur le haut d'une
» tour, ou d'une montagne, pour
» vous avertir ».

Prop. 15. » *Les Rois n'ont* donc *rien tant*
» *à craindre que les mauvais con-*
» *ſeils* : comme le déclare le grand
Eſth. 16. 6. » Roi Artaxercès dans une Lettre
» célebre adreſſée à tous ſes Sujets,
» où il ſe plaint des *mauvais Miniſ-*
» *tres* qui en impoſent, dit-il, par
» leurs menſonges artificieux aux
» oreilles des Princes, qui ſont
» ſimples, & qui naturellement
» bienfaiſant, jugent des autres
» hommes par eux-mêmes». [Cette
belle Lettre devroit être toujours
ſous les yeux des Rois.

Prop. 8. » Mais enfin, quelque ſoin que

» le Prince ait pris de choisir, & » d'éprouver son conseil, *il ne s'y* » *doit point livrer*... Le caractere » d'un Prince livré le fait connoître » & mépriser. (Il en sera parlé plus amplement dans la suite.)

De la sage Politique des Romains.

» Elle *est louée par le Saint-Esprit* » même dans le Livre des Machabées, remarque M. Bossuet; qui » observe en même-temps qu'ils y » sont loués en particulier de ce » que, « pour régler toutes leurs » démarches, & faire des choses » dignes d'eux, ils tenoient conseil tous les jours, *sans division &* » *sans jalousie*, & uniquement attentifs à la Patrie, & au bien » commun, sans que personne » voulût dominer sur ses citoyens... » Mais qu'aussi, quand ce bel ordre » changea, le peuple Romain vit » tomber sa majesté & sa puissance. [C'est ce qui arrive à tous les Etats, même les mieux affermis, quand les bonnes regles, & les anciennes maximes qui en font le bel ordre,

Liv. 10. Art. 2. Prop. 16. 1. Mach. 8. 14. 15. 16.

y changent ; que la division, la jalousie, ou la passion de dominer, se mêlent dans les conseils ; & qu'on y est plus attentif à son élévation à sa fortune, à ses intérêts propres, qu'au bien commun, & à la Patrie.]

§ 5.

Divers Exemples de Conseillers, ou de Ministres.

Liv. 10. Art. 3. TOUS ces exemples pris de l'Ecriture sainte, présentent divers *caracteres* de Conseillers ou de Ministres, les uns *bons*, les autres *mêlés de bien & de mal*, & d'autres *méchans*. Comme les histoires en sont connues, je me contenterai des réflexions qu'y fait M. Bossuet ; quoiqu'il ne soit pas toujours facile de les séparer totalement du texte même de l'histoire, que je racourcirai quelquefois sans toujours copier.

I. EXEMPLE.

Samuel sous Saül.

Caractere *admirable de Samuel*, Juge & Conducteur du peuple de Dieu.

» Samuel a cela de grand & de » *singulier*, qu'ayant durant vingt » ans, & jusqu'à sa vieillesse, » jugé le Peuple en Souverain, il » se vit comme dégradé sans se » plaindre. Le Peuple lui demande » un Roi, comme mécontent de » son Gouvernement ... Il sentit » l'affront ... Mais Dieu lui ayant » ordonné d'acquiescer au desir du » peuple, il établit Saül pour Roi; » se soumet à lui, & lui rend comp» te de sa conduite devant tout le » peuple; ce peuple qu'il avoit » vu durant tant d'années recevoir » ses ordres Souverains.

Liv. 10. Art. 3. Prop. 1. 1. *Reg. passim.*

» Loin de dégouter ce peuple du » nouveau Roi établi à son préju» dice, il profita de toutes les » conjonctures favorables, pour » affermir son trône, & *tant qu'il* » *fut écouté*, il n'abandonna pas

» tout-à-fait le soin des affaires. ..
» Dans la suite il se contenta d'a-
» vertir le nouveau Roi de ses de-
» voirs, de lui porter les ordres
» de Dieu, & de lui dénoncer ses
» jugemens.

» Mais voyant ses conseils en-
» tierement méprisés, il n'eut plus
» qu'à se retirer; & vécut ainsi
» jusqu'à sa mort dans sa maison
» à Ramatha, comme *un Conseiller*
» *fidele*, dont on ne vouloit plus
» les avis, & qui n'a plus qu'à prier
» Dieu pour son *Roi*... Il le fai-
» soit en effet, pleurant nuit &
» jour Saül devant Dieu, & ne
» cessant d'intercéder pour ce
» Prince ingrat... Une si belle re-
» traite laissa au peuple de Dieu
» un souvenir éternel d'une ma-
» gnanimité, qui jusqu'alors n'a-
» voit point d'exemple. [C'en est,
& s'en sera toujours un grand pour
tout Ministre fidele renvoyé sans
sujet, & injustement disgracié.]

II. EXEMPLE.

Joab sous David.

Liv. 10. Art. 3. Prop. 3. Caractere *de Joab, mêlé de grandes vertus, & de grands vices.*

„ David trouva d'abord en la
„ personne de Joab un appui de
„ son trône. Dès le commencement
„ de son regne, il le jugea le plus
„ digne de la charge de Général des
„ armées. Joab s'en acquitta parfai-
„ tement, ainsi que d'autres fonc-
„ tions très-importantes ... Il don-
„ noit au Roi de sages avis, & lui
„ parloit *en ministre fidele* & sincere.
„ Il le faisoit même quelquefois avec
„ toute la force & la liberté que
„ l'importance de la chose, son
„ zele & ses services lui inspiroient,
„ sans négliger néanmoins tous les
„ ménagemens possible, & les plus
„ douces insinuations. En un mot *il*
„ *aimoit la gloire de son Roi.*

„ Mais ses *vengeances* particulie-
„ res, & ses ambitieuses *jalousies*
„ lui firent perdre tant d'avantages,
„ & au Roi l'utilité de tant de ser-
„ vices ». [On lui reprochera à jamais le honteux assassinat d'Abner, sa lâche trahison à l'égard d'Amasa, & le parti qu'il prit, en entrant dans les intérêts & le soulevement d'Adonias contre Salomon & contre David; crimes dont il ne put,

malgré tous ſes ſervices, éviter la punition, & qui obligerent enfin de verſer ſon ſang, comme il avoit verſé celui des autres.]

M. Boſſuet acheve ſon caractere, en le repréſentant « comme un » homme qui mettoit ſa gloire à ſe » faire redouter, & que l'on n'at- » taquoit pas impunément. Il étoit » de ceux, dit-il, qui veulent le » bien ; mais qui veulent le faire » *ſeuls* ſous le Roi. *Dangereux ca-* » *ractere, s'il en fût jamais* : puiſque » la jalouſie des Miniſtres, toujours » prêts à ſe traverſer les uns les » autres, & à tout immoler à leur » ambition, eſt une ſource inépui- » ſable de mauvais conſeils ; & n'eſt » gueres moins préjudiciable au ſer- » vice, que la rébellion ». [Ce dernier trait ne ſçauroit être trop remarqué.]

III. EXEMPLE.

Holopherne ſous Nabuchodonoſor.

Liv. 10. Art. 3. Prop. 4 Judith. *paſſim.*

Caractere d'*Holopherne* Général des armées de Nabuchodonoſor, Roi de Ninive & d'Aſſyrie.

» Il paroît aſſez par ce qui eſt

„ marqué dans l'Ecriture, que cet „ Holopherne n'étoit pas ſeulement „ Chef des armées de Nabuchodo- „ noſor ; mais encore qu'il avoit „ la direction de toutes les affaires, „ avec la réputation même de faire „ régner la juſtice, & de réprimer „ les injures & les violences (ce „ qui peut faire juger qu'il étoit „ auſſi à la tête du *Conſeil.*) Son „ zele pour le Roi ſon maitre éclate „ dans ſes diſcours : par-tout il „ parle avec raiſon, avec dignité ; „ & les ordres qu'il donne dans la „ guerre, ſeront aprouvés de tous „ les gens du métier.

„ Mais il ne faut point attendre „ *de religion* des hommes ambitieux. „ « *Si* votre Dieu (dit celui-ci à „ Judith) me livre votre peuple, Judith. „ ſelon la promeſſe que vous me 11. 21. „ faites, il ſera mon Dieu comme „ le vôtre ». [Ce *Si* dit tout :] „ c'eſt-à-dire, que le Dieu des „ ames ſuperbes eſt toujours celui „ qui contente leur ambition : ils „ n'en connoiſſent pas d'autre.

IV. EXEMPLE.

Aman ſous Aſſuérus.

Liv. 10. Art. 3. Prop. 5. Eſther. *paſſim.*

Caractere d'*Aman*, Miniſtre d'Aſſuérus Roi de Perſe, & ſon Favori.

Il ſeroit difficile de trouver un auſſi méchant homme que celui-ci : ſon *avanture* eſt célebre, & ſon caractere bien connu.

„ Le Roi Aſſuérus éleva Aman au-„ deſſus de tous les Grands du royau-„ me. Et tous les ſerviteurs du Roi „ fléchiſſoient le genou, & adoroient „ le Favori, comme le Roi l'avoit „ commandé : excepté le *ſeul* Mar-„ dochée, Juif de naiſſance, & à „ qui ſa Religion ne permettoit „ pas une adoration qui tenoit de „ l'honneur divin ... Aman, enflé „ de ſa faveur, appelle ſa femme „ & ſes amis, leur vante ſa gran-„ deur, ſes richeſſes, & la gloire où „ le Roi l'avoit élevé ... Mais mal-„ gré tous ces avantages, il croit „ ne rien avoir, tant que Mar-„ dochée qui ſe tenoit à la porte „ du Roi, ne branlera pas de ſa „ place à ſon abord ... *L'ambition* „ ne peut voir ſans chagrin l'endroit

„ par où elle manque de ce qu'elle „ desire, & tout paroît manquer „ par ce seul endroit : plus l'obs- „ tacle paroît foible, plus elle s'ir- „ rite de ne le pas vaincre, & tout „ le repos de la vie en est troublé.

„ Par malheur pour le Favori, il „ avoit une femme aussi hautaine & „ aussi ambitieuse que lui. Faites „ élever, lui dit-elle, une potence „ de cinquante coudées, & faites-y „ pendre ce Mardochée. Une *ven-* „ *geance* éclatante & prompte est „ aux ames ambitieuses le plus dé- „ licat de tous les mets. Ce conseil „ plut au Favori, & il fit dresser le „ funebre appareil. Mais peu con- „ tent de mettre les mains sur Mar- „ dochée seul, il résolut de perdre „ à la fois toute la nation.

„ Le *prétexte* ne pouvoit être plus „ spécieux. Il y a un peuple, dit-il „ au Roi, dispersé par tout votre „ empire, qui trouble la paix pu- „ blique par ses singularités. (Per- „ sonne ne s'intéresse à la conser- „ vation d'une nation si étrange.) „ Ils sont en divers endroits, remar- „ que-t-il (sans pouvoir s'entre-

„ secourir, & il est facile de les „ opprimer). C'est une race de„ sobéissante à vos ordres, ajoute „ cet artificieux Ministre (dont il „ faut réprimer l'insolence.) On ne „ pouvoit pas proposer au Roi une „ vûe politique mieux colorée. La „ nécessité, la facilité; les finances „ même du Prince, dont on pro„ mettoit d'augmenter les trésors, „ en faisant entrer dans ses coffres „ dix mille talens : tout concouroit „ à faire écouter un homme en ap„ parence si zélé, & à lui adjuger „ la conclusion de sa requête : *or-*
Esther. 3. 9. „ *donnez qu'ils périssent.* Le Prince „ le crut en effet : *Faites*, lui dit-
Ibid. 10. 11. „ il, *ce que vous voudrez de ce peu-* „ *ple ;* & il lui donna son anneau „ pour sceller ses ordres.

„ Un *Favori heureux* n'est plein „ que de lui-même. Aman n'ima„ gine pas que le Roi puisse comp„ ter d'autres services que les siens. „ Ainsi consulté sur les honneurs „ que le Roi avoit destinés à Mar„ dochée qui lui avoit sauvé la vie, „ il procure (sans le sçavoir, & „ croyant travailler pour soi-mê-

„ me) les plus grands honneurs à „ ſon ennemi , & à lui-même la plus „ profonde humiliation. Les Rois ſe „ plaiſent ſouvent à donner les plus „ grands *dégouts* à leurs favoris:ravis „ de ſe montrer les maîtres. Il fallut „ qu'Aman marchât à pied devant „ Mardochée , & qu'il fût le héraut „ de ſa gloire dans toutes les places „ publiques.

On ſçait aſſez le reſte de l'hiſtoire de cet heureux & malheureux Favori, & quel fut enfin le ſort de ce cruel & indigne Miniſtre. „ Le Roi ouvrit les yeux ſur le *conſeil* ſanguinaire qu'il lui avoit don„ né : il en eut horreur , & révoqua „ ſes ordres par d'autres tout con„ traires. Aman périt , & déçû par „ ſa propre gloire , il fut lui-même „ l'artiſan de ſa perte , juſqu'à avoir „ fabriqué la potence où il fut atta„ ché ; puiſque ce fut celle qu'il „ avoit préparée à ſon ennemi. [On voit quelquefois de ces révolutions dans les hiſtoires. Mais un tel exemple doit faire trembler les Miniſtres les plus puiſſans , & les Favoris les plus privilégiés.]

V. EXEMPLE.

Chuſaï & Achitophel.

Liv. 5. Art. 1. Prop. 12. C'étoit deux Conſeillers & *Confidens* de David : mais d'un caractere bien différent : l'un fut infidele à ſon Roi ; l'autre lui demeura toujours attaché & fidele. La révolte d'Abſalom les fit connoître l'un & l'autre ; Achitophel ayant ſuivi le parti d'Abſalom, & Chuſaï ne s'en étant que plus lié à celui de David. Voici en abrégé ce qu'en dit M. Boſſuet.

„ David pour avoir bien connu „ les hommes, ſauva ſes affaires „ dans la révolte d'Abſalom. Il vit „ que toute la force du parti rébelle „ étoit dans les conſeils d'Achito- „ phel, & tourna ſon eſprit à les „ détruire. Il connut la capacité & „ la fidélité de Chuſaï, ſage vieil-
2. Reg. 15. 33. 34. „ lard & expérimenté. « Si vous „ venez avec moi, lui dit-il, vous „ me ſerez à charge : ſi vous ſuivez „ Abſalom, vous diſſiperez le con- „ ſeil d'Achitophel ». [L'adreſſe en tel cas eſt permiſe. C'eſt dextérité, & non ruſe.]

„ Il ne se trompa point dans sa „ pensée. Chusaï empêcha Absalom „ de suivre un conseil utile d'Achi- „ tophel, qui ruinoit David sans „ ressource. Achitophel sentit aussi- „ tôt que les affaires étoient per- „ dues, & hâtant le supplice qu'il „ méritoit, se fit périr par un cor- „ deau... Alors Chusaï manda à „ David tout ce qui s'étoit passé, „ & lui donna un avis qui sauva „ l'Etat. Ainsi David, pour avoir „ connu les hommes dont il se ser- „ voit, reprit le dessus; & rétablit „ ses affaires presque desespérées. [Voilà ce que vaut un bon Conseiller, quand on sçait s'en servir.]

Mais n'omettons pas cette belle réflexion de M. Bossuet : « c'est „ Dieu qui mit dans le cœur de „ David ces salutaires conseils, qui „ lui remirent la couronne sur la „ tête. Ce ne fut pas la pru- „ dence de David : « ce fut le Sei- 2. Reg.
„ gneur lui-même qui dissipa les 17. 14.
„ conseils d'Achitophel ». Aussi „ s'étoit-il d'abord tourné à Dieu :
„ *O Seigneur, confondez le conseil* Ibid. 15.
„ *d'Achitophel.* [Priere d'un grand 31.

usage en bien des occasions : *Infatua, quæso, Domine, consilium Achitophel.*]

§. 6.

Conduite du Prince par rapport à ses Conseillers, Ministres, &c.

POUR ne laisser rien à desirer sur la matiere, je rappellerai sous ce titre divers autres traits dispersés dans l'Ouvrage sur les *Conseillers, Ministres, Favoris, Confidens,* ou *Courtisans* des Princes, & sur la conduite que le Prince a à tenir à leur égard. Car M. Bossuet n'a rien oublié ; & comme ici tout est précieux & intéressant, je suis bien aise de ne rien omettre.

Le Prince doit chercher la Vérité.

Liv. 5. Art. 2. Prop. 1. Le Prince doit avant toutes choses chercher à *connoître la Vérité* : & pour cela il doit *l'aimer*, & *l'aimer ardemment*, *témoigner* même *qu'il l'aime, & déclarer qu'il la veut sçavoir.* « Alors *la Vérité* lui viendra „ de tous côtés, parce qu'on croira „ lui faire plaisir de la lui dire. Les

„ véritables cherchent les véritables : „ la vérité vient aiſément à un eſ- „ prit diſpoſé à la recevoir par l'a- „ mour qu'il a pour elle. Au con- „ traire toute leur Cour ſera rem- „ plie *d'erreur & de flatterie*, s'ils „ ſont de l'humeur de ceux “ qui „ diſent aux Voyans, Ne voyez „ pas : & à ceux qui regardent, „ Ne regardez pas pour nous ce qui „ eſt droit : dites-nous des choſes „ agréables ; voyez pour nous des „ illuſions ”. *Peu diſent cela de bou-* „ *che ; beaucoup le diſent de cœur.* Iſ. 30. 10.

„ Il ne ſuffit pas au Prince de „ dire en général qu'il veut ſçavoir „ la verité, & de demander com- „ me fit Pilate à N. S. *Qu'eſt-ce que* „ *la Vérité ?* Puis s'en aller tout-à- „ coup ſans attendre la réponſe. *Il* „ *faut le dire, & le faire de bonne* „ *foi.* Les uns, comme ce Juge „ inique, s'informent de la vérité „ par maniere d'acquit, & en paſ- „ ſant ſeulement (n'y croyant pas „ trop d'ailleurs.) Les autres, ſans „ ſe ſoucier de la ſçavoir, s'en in- „ forment par oſtentation, & pour „ ſe faire honneur de cette recher-

„ che . . . Ce n'eſt qu'un beau „ ſemblant.

Le Prince doit ſçavoir les Loix & l'état du Royaume.

Liv. 5. Art. 1. Prop. 9. & 14.

Le *Prince doit ſçavoir la Loi* . . . & connoitre *l'état de ſon Royaume,* c'eſt-à-dire, *ce qui s'y paſſe au dedans & au dehors.*

„ Le Prince eſt fait pour juger, „ & c'eſt la premiere inſtitution de „ la Royauté. . . . . Il doit donc „ *ſçavoir la Loi*, puiſqu'il doit la „ pratiquer, & de plus la faire „ pratiquer aux autres, & juger „ ſelon ſes decrets. . . . *On ne ſçait* „ *ce qu'on fait* quand on va ſans „ regle, & qu'on n'a pas la Loi „ pour guide : la ſurpriſe, la pré- „ vention, l'intérêt & les paſſions „ offuſquent tout „. [C'eſt une ſuite infaillible de l'ignorance ou du mépris des Loix].

„ Que le Prince ſçache donc *le* „ *fond de la Loi* par laquelle il „ doit gouverner, (c'eſt-à-dire „ la Loi du Royaume, ſes regles „ & ſes maximes) . . . Qu'il ſçache „ du moins les grands principes de „ la

„ la justice, qui sont le fondement „ de la loi, pour n'être jamais surpris ... Oh! *que la vie du Prince „ est sérieuse* ! il doit sans cesse méditer la Loi. Aussi n'y a-t-il rien „ parmi les hommes de plus sérieux, „ ni de plus grave, que l'office de „ la Royauté.

„ Il doit connoître aussi *l'état de „ son Royaume*, & tout ce qui s'y „ passe au dedans, & au dehors. „ Sous un Prince habile & *bien „ averti*, personne n'ose mal faire. „ On croit toujours l'avoir présent, „ & même qu'il devine les pensées. „ Les avis volent à lui de toutes „ parts; il en sçait faire le discernement, & rien n'échappe à sa „ connoissance ... Que le Prince „ soit donc averti, & n'épargne „ rien pour cela. (Il y va de sa „ sûreté, comme de celle de l'Etat.) „ C'est à lui principalement que „ s'adresse cette parole du Sage: „ *Achetez la vérité*. Mais qu'il prenne Prov. 23. 22. „ bien garde à ne point payer des „ trompeurs, & à ne pas acheter „ le mensonge. [Il n'est pas rare de s'y méprendre: les meilleurs Princes peuvent y être trompés, & d'autant plus aisément, qu'ils se défient moins des trompeurs.]

Le Prince doit connoître ses Courtisans.

Liv. 5. Art. 1. Prop. 12. Le *Prince doit connoître les hommes, ... surtout ses Courtisans & ceux qui l'approchent.*

„ C'est-là sans doute sa plus gran-
„ de affaire; de sçavoir ce qu'il faut
„ croire des hommes, & à quoi ils
„ sont propres... Il faut sur-tout
„ qu'il connoisse ses *Courtisans*, &
„ qu'il prenne bien garde à ceux
„ qui l'environnent. Autrement *tout*
„ *ira au hasard dans un Etat*; & il
Eccles. 11. 9. „ y arrivera ce que déplore le Sage
„ (& ce qui n'arrive en effet que
„ trop souvent.) « J'ai vû sous le
„ soleil qu'on ne confie pas la cour-
„ se au plus agile, ni la guerre au
„ plus vaillant : que ce n'est point
„ aux sages qu'on donne du pain,
„ ni aux plus habiles qu'on donne
„ les richesses; & que ce ne sont pas
„ les plus intelligens qui plaisent le
„ plus : mais que la rencontre & le
„ hasard (c'est-à-dire le crédit & la

„ faveur) font tout ſur la terre „.

„ C'eſt ce qui arrive ſous un „ Prince inconſidéré, qui ne ſçait „ pas connoître & choiſir les hommes ; mais qui prend ceux que „ le hasard & l'occaſion, ou ſon „ humeur lui préſentent. *La ſurpriſe „ & l'erreur confondent tout dans un „ tel regne.* « J'ai vu ſous le ſoleil „ un mal, (diſoit encore le Sage) „ où le Prince ſe laiſſe aller par „ ſurpriſe : un fou tient les hautes „ places, & les grands ſont à ſes „ piés. Les eſclaves ſont montés ſur „ des chevaux (ou traînés dans des „ chars) & les Princes marchent „ par terre, & les ſuivent comme „ des eſclaves „. Le Prince qui „ choiſit mal, eſt ainſi *puni* par ſon „ propre choix. [Mais il ne l'eſt pas ſeul : tout l'Etat qui gémit ſous ce mal, en porte la peine avec lui, & la ſent au moins autant que lui.]

Ibid. 10. 5. 6. 7.

Le Prince doit choiſir un bon Conſeil.

Le *Prince doit choiſir un Conſeil*... Mais le bien choiſir, & *donner toute liberté à ſes Conſeillers.*

Liv. 5. Art. 2. Prop. 3. & 4.

On en a déja dit un mot ci-deſſus

mais il eſt bon d'y appuyer. « Ne
Prov. 3. 7. „ ſoyez pas ſage en vous-même, »
„ nous dit le Sage ; & ne croyez
„ pas que vos yeux vous ſuffiſent
„ pour tout voir ... Un Prince *pré-*
„ *ſomptueux* qui n'écoute pas con-
„ ſeil, croit toujours avoir raiſon,
„ & n'en croit que ſes propres pen-
„ ſées, incapable d'entrer dans
„ celles des autres ... Or qui eſt
„ incapable de conſeil, eſt inca-
„ pable de gouvernement ... C'eſt
„ donc en prenant conſeil, & en
„ donnant *toute liberté* à ſes Con-
„ ſeillers, qu'on découvre la vérité,
„ & qu'on acquiert la véritable ſa-
„ geſſe. [Sans cette liberté entiere
le Conſeil eſt une chimere, & les
Conſeillers un être de raiſon.]

„ Que le Prince choiſiſſe donc
„ ſon Conſeil ; mais qu'il le choi-
„ ſiſſe bien ... Il faut à la vérité
„ pluſieurs Conſeillers ; car ils s'é-
„ clairent l'un l'autre, & un ſeul
„ ne peut pas tout voir. Mais il ſe
„ faut réduire à un petit nombre ...
„ Premierement, parce que l'ame
„ des Conſeils eſt *le ſecret*, qui pour
„ cela doit être entre très-peu de

„ personnes. Secondement, parce „ que le nombre d ceux qui sont „ capables d'une telle Charge *est* „ *rare*... Il y faut, continue M. „ Bossuet, une sagesse profonde : „ chose rare parmi les hommes ; car „ cet homme sage ne se trouve pas „ aisément. Mais je ne sçai., ajoûte- „ t-il de plus, s'il n'est pas encore „ plus rare & plus difficile de trou- „ ver des hommes fideles. [C'est-à-dire, qu'il faut peu de Conseillers, mais excellens ; non un grand Conseil, mais un bon Conseil.]

Le Prince doit se précautionner contre ses Conseillers.

Outre son Conseil, *Le Prince doit écouter & s'informer.*

„ Autres sont les personnes qu'il „ faut consulter ordinairement dans „ ses affaires : autres celles qu'il faut „ *écouter*. Le Prince doit tenir Con- „ seil avec très-peu de personnes. „ Mais il ne doit pas renfermer dans „ ce petit nombre tous ceux qu'il „ écoute. Autrement s'il arrivoit „ (le cas n'est pas métaphysique) „ qu'il y eût de justes plaintes contre

Liv. 5. Art. 2. Prop. 5.

„ ſes Conſeillers, ou des choſes „ qu'ils ne ſçuſſent pas, ou qu'ils „ réſoluſſent de lui taire, *il n'en* „ *ſçauroit jamais rien.*

„ Il faut donc que le Prince écoute „ & s'informe de toutes parts, s'il „ veut ſçavoir la vérité... Ce ſont „ *deux choſes* : il faut qu'il écoute „ & remarque ce qui vient à lui; „ & qu'il s'informe avec ſoin de „ tout ce qui n'y vient pas aſſez „ clairement... Ainſi en uſoit le „ ſaint Roi David : tant il aimoit *la* „ *raiſon & la vérité*, de quelque „ côté qu'elle lui vint : elle conſer- „ ve toujours en effet ſon autorité „ naturelle, dans quelque bouche „ qu'elle ſoit.

„ Ne refuſons pas d'écouter là- „ deſſus un Prince infidele, mais „ habile & grand politique. C'eſt „ Dioclétien, qui diſoit : Il n'y a „ rien de plus difficile que de bien „ gouverner. *Quatre ou cinq hommes* „ s'uniſſent, & ſe concertent pour „ tromper l'Empereur. Lui qui eſt „ enfermé dans ſes cabinets, ne ſçait „ pas la vérité. Il ne peut ſçavoir „ que ce que lui diſent ces 4 ou 5

„ hommes qui l'approchent. Il met „ dans les Charges des hommes in- „ capables, il en éloigne des gens „ de mérite. C'eſt ainſi, diſoit ce „ Prince, qu'un bon Empereur, „ qu'un Empereur vigilant, & qui „ prend garde à lui, eſt vendu : „ *Bonus, cautus, optimus venditur* „ *Imperator* ». Oui ſans doute (re- „ prend M. Boſſuet) quand il n'é- „ coute que peu de perſonnes, & „ qu'il ne daigne pas s'informer de „ ce qui ſe paſſe.

[C'eſt le ſort de beaucoup de Princes, quoique bons d'ailleurs, & voulant ſincerement le bien ; mais trop livrés à un petit nombre de Conſeillers ou de Miniſtres, qui les approchent ſeuls & les gouvernent. Comme ils ne voient & ne s'informent que par eux, ils n'écoutent & ne croient qu'eux. Ainſi ſont-ils vendus ſans le ſçavoir.]

Le Prince ne doit pas ſe livrer à ſon Conſeil.

Le *Prince doit voir, & ſe réſoudre par ſoi-même.* « Que vos yeux pré- „ cedent vos pas ; » c'eſt l'avis du

Liv. 5. Art. 2. Prop. 8. Prov. 4. 25.

,, Sage : *vos yeux*, & non ceux des
,, autres. Ouvrez donc les yeux &
,, marchez. Qui ſe laiſſe mener au-
,, trement, ne voit rien : c'eſt un
,, aveugle qui ſuit ſon guide...
,, Ecoutez à la bonne heure, vos
,, amis & vos Conſeillers : mais ne
,, vous abandonnez pas à eux. *Prenez*
,, *garde qu'ils ne ſe trompent : prenez*
,, *garde qu'ils ne vous trompent.* Que
,, ſi vous ſuivez à l'aveugle quel-
,, qu'un qui aura l'adreſſe de vous
,, prendre par votre foible, & de
,, s'emparer de votre eſprit ; *ce ne*
,, *ſera pas vous qui régnerez, ce ſera*
,, *votre Serviteur & votre Miniſtre*...
,, Alors on vient au Prince par céré-
,, monie ; en effet on traite avec le
,, Miniſtre. Le Prince a les réveren-
,, ces, le Miniſtre a l'autorité effec-
Act. 12. 20. ,, tive... Quand on a gagné Blaſtus
,, le Chambellan du Roi, on fait
,, d'Hérode tout ce que l'on veut.
,, On rougit encore plus pour Aſſué-
,, rus, mené comme l'on ſçait par
,, Aman ſon Favori. [Au reſte c'eſt
Prov. 31. 21. 22. au jugement de l'Eſprit ſaint « un
des grands maux de la terre, & qui

y cause un plus grand ébranlement, qu'*un serviteur qui regne* », & qui n'est pas fait pour régner.]

Le Prince doit prendre garde à qui il croit.

Le *Prince doit bien prendre garde à qui il croit, & sur-tout aux faux rapports.* Liv. 5. Art. 2. Prop. 6.

» Dans cette facilité de recevoir » des avis de plusieurs endroits, il » faut craindre : Premierement, » que le Prince ne se rabaisse, en » écoutant *des personnes indignes* ... » Secondement, qu'en écoutant » trop, il ne se charge de faux avis, » & ne se laisse surprendre *aux mau-* » *vais rapports*...Ne croyez donc pas » à toute parole ; mais pesez tout. » *Comptez & pesez*, dit l'Ecclésiasti- Eccli. 42. 7. » que. Il faut entendre, & non pas » croire ; c'est-à dire, peser les rai- » sons, & non pas croire le premier » venu sur sa parole.

» Sur-tout *prenez garde aux faux* » *rapports*. Le Prince qui prend » plaisir à écouter les mensonges, » n'a que des méchans pour ses Mi- » nistres ... Oui « plutôt un voleur, Ibid. 20. 27.

„ que la converſation du menteur".

„ Le *menteur* vous dérobe par ſes „ artifices le plus grand de tous les „ tréſors qui eſt la connoiſſance de „ la vérité ; ſans quoi vous ne ſçau„riez faire juſtice, ni aucun „ bon choix, ni en un mot aucun „ bien.

„ Sçachez que le menteur qui a „ aiguiſé ſa langue, & préparé ſon „ diſcours pour couper la gorge à „ quelqu'un, ne manque pas de „ couvrir ſes mauvais deſſeins ſous „ une apparence de zele... Ainſi „ prépare-t-on la voie aux calom„nies les plus noires par une dé„monſtration de zele... *Toutes les* „ *malices auprès des Grands ſe font* „ *ſous prétexte d'attachement & de* „ *zele*... La malice prend encore „ quelquefois d'autres couvertures. „ Elle fait la ſimple & la ſincere. „ Elle fait auſſi la plaiſante, & s'in„ſinue par des mocqueries... En „ quelque forme que la médiſance „ paroiſſe, craignez-là, fuyez-là „ comme un ſerpent... Mais ſou„venez-vous qu'elle n'eſt jamais „ plus inſolente, que lorſqu'elle a

„ osé paroître devant la face du „ Prince, & que c'est-là par conséquent qu'elle doit être plus réprimée. Ce n'est pas seulement les „ médisances qui sont à craindre; „ les fausses louanges ne sont pas „ moins dangereuses; & les *traîtres* „ qui vendent les Princes, ont des „ gens apostés pour se faire louer „ devant eux, & leur vanter leurs „ services... O Dieu! comment „ se sauver parmi tant de piéges, si „ on ne sçait se garder des discours „ artificieux!

Le Prince doit punir les faux rapports.

Le *Prince doit punir les faux rapports*: (c'est-à-dire *ceux qui les font*, ou ce qu'on appelle communément *Délateurs*.) Liv. 5. Art. 2. Prop. 6.

„ Le remede souverain contre les „ faux rapports, est de les *punir*. „ Si vous voulez sçavoir la vérité, „ ô Prince (dit M. Bossuet en „ s'adressant au Prince même) qu'on „ ne vous *mente* pas impunément. „ *Nul ne manque plus de respect pour* „ *vous*, que celui qui ose porter des „ mensonges & des calomnies à

„ vos oreilles ſacrées. On ne ment „ pas aiſément à celui qui ſçait s'in- „ former, & punir ceux qui le trom- „ pent. [De tels impoſteurs ſont en effet les plus grands ennemis des Princes, & les plus dignes de leur animadverſion & de leur colere, lors même qu'ils affectent d'en paroître les plus zélés & les plus affectionnés ſerviteurs.]

M. Boſſuet continue : « La *puni-* „ *tion* que je vous demande pour „ les faux rapports, ô Prince, c'eſt „ d'ôter toute croyance à ceux qui „ les font, & de les *chaſſer* d'auprès „ de vous (quelque poſte qu'ils y „ occupent.) Les écouter, ou ſeule- „ ment les ſouffrir, c'eſt participer „ à leur crime. [Les Loix ſont beaucoup plus ſéveres contre cette peſte de la ſociété, & ce fléau du genre humain. Comment donc arrive-t-il, que loin d'être chaſſés & punis, ils ſoient au contraire cherchés, chéris, eſtimés, & ſouvent même récompenſés ?]

„ Sans cela (pourſuit encore M. „ Boſſuet) vos affaires, ô Prince, „ en pourront ſouffrir. Mais quand

» votre puissance vous sauveroit de » ces maux, c'est pour vous *le plus* » *grand de tous les maux*, de faire » souffrir des innocens, contre qui » ces méchantes langues vous au- » ront irrité. [Combien plus ce mal croît-il encore, lorsque ces innocens si faussement accusés, si injustement calomniés, sans pouvoir se justifier, ni se défendre, sont en même-temps les hommes les plus utiles, les meilleurs citoyens, & les sujets les plus fideles ?

§. 7.

Suite de la même matiere.

IL s'agit ici de la *Fermeté* du Prince & de l'Autorité publique contre le mal, & contre tous les méchans, quels qu'ils soient, Grands ou petits, Favoris & autres.

Fermeté du Prince dans le Gouvernement.

La Fermeté est un caractere essentiel à l'Autorité. « Sois *ferme & fort*, & » garde la loi que Moïse mon servi- » teur t'a donnée : ne crains point,

Liv. 4. Art. 1. Prop. 9. Jos. 1. 6. & suiv.

» ne tremble point; je ſuis avec toi»,
» dit le Seigneur à Joſué, quand il
» l'établit pour être Prince & Capi-
» taine général de ſon Peuple, com-
» me s'il lui diſoit : Si tu trembles,
» tout tremble avec toi; quand la
» tête eſt ébranlée, tout le corps
3. Reg. 2. » chancelle ... David en dit autant
2. 3. » à Salomon ſon fils, & ce ſont ſes
» dernieres paroles : « *Soyez ferme*,
» & agiſſez en homme, & gardez
» les commandemens du Seigneur
» votre Dieu ».

» Ainſi toujours la fermeté & le
» courage : rien n'eſt plus néceſſaire
» pour ſoutenir l'autorité; mais tou-
» jours la loi de Dieu devant les
» yeux : *on n'eſt ferme que quand on*
Liv. 5. » *la ſuit* ... Cette loi, comme le
Art. 1. » dit ailleurs M. Boſſuet, eſt *l'E-*
Prop. 8. » *vangile* même, que le Prince doit
& 9. » croire, qu'il reçoit dans ſon ſa-
» cre, où on le lui met entre les
» mains, comme de la main de Dieu,
» pour ſe régler par cette lecture ...
» Qu'il le liſe donc, & qu'il le mé-
» dite. C'eſt-là ſa loi, & la volonté
» du Seigneur.

Fermeté du Prince à l'égard des Grands, comme du Peuple.

Le peuple doit craindre le Prince mais le Prince ne doit craindre que de faire mal. Liv. 4. Art. 1. Prop. 6.

» La crainte est un *frein* nécessaire » aux hommes, à cause de leur or- » gueil, & de leur indocilité naturelle. » Il faut donc que le peuple craigne » le Prince : mais si le Prince craint » le peuple, *tout est perdu* ... C'est » même être ennemi du peuple, que » de ne lui résister pas dans les occa- » sions ... Quelle excuse pour un » Magistrat souverain de craindre » de fâcher le peuple, lui qui est éta- » bli pour résister au peuple, lors- » qu'il se porte au mal ? .. Par la » même raison le Prince doit aussi » repousser avec fermeté les *impor-* » *tuns* qui lui demandent des choses » injustes. La crainte de fâcher, » poussée trop avant dégénere en » une *foiblesse criminelle.*

Le Prince doit se faire craindre des Grands, comme des petits. « C'est-à- Ibidem. Prop. 7. » dire, que l'autorité royale doit se » faire sentir aux méchans, *quelque* » *grands qu'ils soient* ... Le repos

» public oblige à tenir tout le monde
» en crainte, & plus encore les
» grands que les particuliers; parce
» que c'eſt du côté des grands, qu'il
» peut arriver de plus grands trou-
» bles ». M. Boſſuet rapporte ici le *traitement*, que Salomon fit à Joab même, le plus grand Capitaine de ſon temps, & le plus puiſſant homme du Royaume; auſſi bien qu'au grand Prêtre Abiathar, qui avoient trempé l'un & l'autre dans le ſoulevement & la révolte d'Adonias.

[Qu'on obſerve qu'il ne s'agit en tout ceci, que de s'oppoſer au mal, & aux méchans; & de réſiſter à l'in-
Rom. 13. juſtice & aux injuſtes. Car « le Prin-
3. ce n'eſt à craindre que pour qui fait le mal, & non pour qui fait le bien ». Qu'on ne tourne donc point contre les bons, un pouvoir qui n'eſt donné que contre les méchans, & qu'on ne traite point les innocens comme les coupables.]

Fermeté du Prince contre toute autre Puiſſance.

Liv. 4. Art. 1. Prop. 8. L'Autorité *ſouveraine doit être invincible.* (C'eſt-à-dire, qu'elle ne doit céder à aucune autre,

» S'il y a dans un Etat *quelque* » *autorité* (quelle qu'elle soit, sacrée » ou profane, ECCLÉSIASTIQUE » ou autre) capable d'arrêter *le* » *cours de la puissance publique*, & » de l'embarrasser dans son exerci- » ce, personne n'est en sûreté, & » l'autorité royale n'est plus un re- » fuge à l'innocent persécuté... Il » faut donc que l'autorité soit *in-* » *vincible*, & que rien ne puisse for- » cer le rempart, à l'abri duquel le » le repos public, & le salut des par- » ticuliers est à couvert.

» Il est *des Princes foibles* qui se » laissent mener par force, ou in- » timider par les menaces... Prince » foible, qui craint les Grands... » Tout Prince foible est ordinaire- » ment injuste... On entreprend » aisément contre un tel Prince... » Ainsi ces foiblesses sont perni- » cieuses aux particuliers, à l'Etat, » & au Prince même, contre qui » on ose tout, quand il se laisse » entamer.

» Un Roi *est bien foible*, qui ré- » pand le sang innocent, pour n'a- » voir pu résister aux grands & aux » puissans de son royaume; *ni révoquer*

» *une loi injuste, & faite par une sur-*
» *prise évidente.* Assuérus, ce grand
» Roi de Perse, révoqua bien la loi
» publiée contre les Juifs, quand
» il en connut l'injustice; quoi-
» qu'elle eût été faite de la maniere
V. Liv. 10. » la plus authentique... Darius de
Art. 2. » même ne craignit point de rétrac-
Prop. 3. » ter l'*Edit* solemnel & impie qu'il
Dan. 6. 6. » avoit porté, lorsqu'il vit qu'il
» avoit été *surpris* dans cette loi,
» comme il est expressément mar-
» qué. (*Surripuerunt Regi*) & que
» c'étoit-là une cabale des Grands
» contre son service, afin de perdre
» Daniel le plus fidele de ses servi-
» teurs, & le plus utile de tous ses
» Ministres. [Beaux exemples pour les Rois, les plus souverains même & les plus absolus, qui ne doivent rougir que de faire le mal; mais jamais de le réparer.]

Fermeté du Prince contre son Conseil, & ses Favoris.

Liv. 4. Art. 1. Prop. 10. *Le Prince doit être ferme contre son propre Conseil, & ses Favoris; lorsqu'ils veulent le faire servir à leurs intérêts particuliers.*

» Outre les divers genres de fer-

» meté qu'on vient de voir, il y a » une autre ſorte de *fermeté*, qui » n'eſt pas moins néceſſaire au Prin» ce : c'eſt la fermeté contre l'arti» fice de ſes Favoris (ou de ſes » Conſeillers) & contre l'aſcendant » qu'ils prennent ſur lui, pour le » faire ſervir à leurs intérêts, & » le tourner ſelon leurs vûes.

» La *foibleſſe* d'Aſſuérus fait pitié » dans le livre d'Eſther. (M. Boſſuet revient ſouvent à cet exemple : tant il le croit important & inſtructif pour les Rois. J'y reviens avec lui, quoique je l'aye déja en partie rapporté.) » Aman irrité contre les » Juifs par la querelle particuliere » qu'il avoit avec Mardochée, en» treprend de le perdre avec tout » ſon peuple. Il veut faire du Roi » l'inſtrument de ſa vengeance ; & » faiſant le zélé pour le bien de l'E» tat, il lui parle ainſi : « *Il y a un* » *peuple* diſperſé par toutes les pro» vinces de votre Royaume, qui a » des loix & des cérémonies parti» culieres, & mépriſe les ordres du » Roi. Vous ſçavez qu'il eſt dange» reux qu'il ſe multiplie, & qu'il ne » devienne inſolent par l'impunité ;

Eſther. 3. 8. & ſuiv.

» *ordonnez*, s'il vous plaît, *qu'il pé-* » *risse* » : & le reste qui est assez connu.

» Aussi-tôt les ordres sont expé- » pédiés, les couriers sont dépêchés » par-tout le Royaume, & la *faci-* » *lité* du Roi va faire périr cent mil- » lions d'hommes en un moment ... » Il n'en coûte que trois mots à Af- » suérus, & la peine de tirer son » anneau de son doigt : par un si » petit mouvement, des millions » d'innocens vont être égorgés, & » leur ennemi va s'enrichir de leurs » dépouilles.

» Que les Princes doivent pren- » dre garde à ne se pas rendre aisé- » sément ... Le Prince aisé à mener, » & trop prompt à se résoudre, » *perd tout*... Aux autres la difficul- » té de l'exécution donne lieu à de » meilleurs conseils : Dans le Prin- » ce, *à qui parler c'est faire*, on ne » peut comprendre combien la fa- » cilité est détestable ... Affuérus » fut trop heureux de s'être ravisé, » & d'avoir pu révoquer ses ordres » avant leur exécution. *Elle est or-* » *dinairement trop prompte*, & ne » vous laisse que le repentir d'avoir

» fait un mal irréparable. [L'expérience de tous les temps ne le montre que trop, & ne fait que trop sentir, quel malheur c'est d'avoir des Aman auprès des Assuérus.]

Fausse Fermeté que le Prince doit éviter.

Mais *il y a une fausse fermeté* (qu'il ne faut pas confondre avec la véritable.) Liv. 4. Art. 2. Prop. 2.

» L'*opiniâtreté* invincible de Pharaon le fait voir. C'étoit endurcissement, & non fermeté. Cette dureté lui fut fatale, à lui & à tout son Royaume... Une *fausse fermeté* (ou plutôt une *excessive roideur*) conseillée à Roboam par de jeunes gens sans expérience, lui fit perdre dix tribus (sans parler du schisme dans le culte qu'elle occasionna). Cette dureté étoit un fléau envoyé de Dieu & une juste punition.

» Les jeunes gens qu'il consultoit, ne manquoient pas néanmoins de *prétextes*. Il faut (disoit-on) soutenir l'autorité. Qui se laisse aller au commencement, on lui met à la fin le pied sur la gorge, &c.

» Mais par-dessus tout cela il falloit
» connoître les dispositions présen-
» tes, & *céder* à une force qu'on
» ne pouvoit vaincre. « On ne for-
» ce point le cours d'un fleuve » :
Eccli. 4. 32. » dit l'Ecclésiastique. *Les bonnes*
» *maximes outrées perdent tout.*

» La force du commandement
» poussée trop loin ; jamais ceder,
» jamais condescendre, jamais se
» relâcher, s'acharner à vouloir
» être obéi à quelque prix que ce
» soit ; c'est un terrible *fléau* de
» Dieu sur les Rois & sur les peu-
» ples.... *Qui ne veut jamais plier,*
» *casse tout à coup.* [Que la bonté divine détourne de dessus nos têtes ce terrible fléau, & qu'elle préserve nos Rois de tels Conseillers & de tels Conseils, dont les Princes sont souvent la dupe, & les peuples toujours la victime.]

Fermeté du Prince à tenir ses Engagemens.

Liv. 5. Art. 2. Prop. 9. Je ne touche plus que ce dernier trait, qui n'a pas échappé à M. Bossuet : la *fermeté* du Prince dans ses engagemens, & sa fidélité à tenir ſa parole, incompatible avec les détours & *les mauvaiſes fineſſes*, auſſi-bien qu'avec *les mauvais moyens* dont elles uſent : moyens trop ſouvent inſpirés aux Princes par de faux politiques, & de foibles Conſeillers ; mais toujours indignes du Prince, qui par ſon caractere eſt l'ennemi déclaré de tout ce qui bleſſe la ſincérité & la droiture, & *le protecteur-né de la bonne foi.*

C'eſt à ce grand devoir que M. Boſſuet les rappelle, » en les faiſant *ſouvenir* de cette parole vrai» ment noble & vraiment royale du » Roi Jean ; qui, ſollicité de vio» ler un traité, répondit : « *Si la* » bonne foi étoit périe par toute » la terre, elle devroit ſe retrou» ver dans le cœur & dans la bouche » des Rois. » *Voilà* (dit M. Boſſuet en relevant cette belle parole) *comme penſe & agit un Roi, quand il ſonge à ce qu'il eſt, & qu'il veut agir en Roi.*

Belle parole du Roi Jean.

Je terminerai tout ceci par le portrait que fait cet excellent peintre de ce qu'il appelle *une belle Cour*, où regne un Roi vraiment Chrétien, & qu'il tire tout entier du Pſ. 100.

Liv. 5. Art. 2. Prop. 6.

Pſ. 100. 3. & ſuiv. ,, *Qu'il eſt beau*, dit ce grand hom-
,, me, d'entendre David chanter ſur
,, ſa lyre : « J'étois dans mon palais
,, avec un cœur ſimple ; je ne me
,, propoſois point de mauvais deſ-
,, ſeins ; je haïſſois les eſprits artifi-
,, cieux. Le cœur malin ne trouvoit
,, pas d'accès auprès de moi : je pour-
,, ſuivois celui qui médiſoit en ſecret
,, contre ſon prochain ; je ne pouvois
,, vivre avec le ſuperbe & le hautain ;
,, mes yeux ſe tournoient vers les gens
,, de bien pour les faire demeurer
,, avec moi. Celui qui vit ſans repro-
,, che, étoit le ſeul que je jugeois
,, digne de me ſervir ; le menteur &
,, l'injuſte ne me plaiſois pas. Dès le
,, matin je penſois à exterminer les
,, impies, & je ne pouvois ſouffrir
,, les méchans dans la cité de mon
,, Dieu ».

La belle Cour (s'écrie M. Boſſuet en finiſſant ce tableau) la belle Cour, où l'on voit tant de ſimplicité & d'innocence ; & tout enſemble tant de courage, tant d'habileté, & tant de ſageſſe ! [Puiſſe une telle Cour être le modèle de toutes les Cours ! Puiſſe-t-elle l'être au moins de celle de notre ROI TRÈS-CHRÉTIEN.]

www.ingramcontent.com/pod-product-compliance
Ingram Content Group UK Ltd.
Pitfield, Milton Keynes, MK11 3LW, UK
UKHW020409190726
13838UKWH00006B/1029